DU

RÉGIME SANITAIRE

(HYGIÈNE PUBLIQUE — ENDÉMIES — ÉPIDÉMIES — MALADIES
CONTAGIEUSES — QUARANTAINES)

EN FRANCE

ET DANS LES PAYS ÉTRANGERS

PAR

M. BORCHARD

Docteur en médecine des Facultés de Halle et de Paris
Ancien médecin des Hôpitaux et des Tribunaux
Professeur libre de Physiologie et de Psychologie
Inspecteur du Travail des enfants dans les Manufactures et Ateliers
Membre des Comités supérieurs de Bienfaisance
et d'Instruction primaire
de la Commission cantonale de Statistique
et Rédacteur de plusieurs Journaux de médecine français
et étrangers

EXTRAIT DU DICTIONNAIRE GÉNÉRAL DE LA POLITIQUE
DE M. MAURICE BLOCK

PARIS
CHEZ L'AUTEUR
RUE DE MONTHOLON, 3

DU RÉGIME SANITAIRE

EN FRANCE

ET DANS LES PAYS ÉTRANGERS.

I. HYGIÈNE PUBLIQUE.

Depuis bien des siècles déjà, l'autorité publique intervient dans le but de faire disparaître des causes de maladie ou de secourir les populations souffrantes, mais il y a cinquante à soixante ans seulement que la théorie, et une théorie éclairée, s'est emparée de cette matière délicate, et elle n'a cessé d'offrir des nuances plus ou moins tranchées.

C'est ainsi que Jean-Pierre Frank, qui a eu la gloire de constituer l'hygiène publique comme corps de doctrine, l'érige, au nom du salut public et de sa loi suprême, en un pouvoir absolu, s'immisçant dans tout, réglementant tout, contraignant les hommes à être sages, robustes, à produire des générations de plus en plus florissantes, et c'est dans le même esprit que de nos jours Foderé, Orfila, Mohl, M. Devergie et d'autres proposent de beaucoup étendre le cercle des oppositions au mariage, tracé par l'article 174 du livre Ier du Code civil.

Il y a là une pente périlleuse; elle peut conduire à des conseils extravagants comme ceux qu'inspirait naguère la crainte prématurée d'un excès de population. Le seuil de la vie de famille une fois franchi, l'hygiène publique en viendrait, comme l'a dit un écrivain allemand, à choisir au jeune homme sa fiancée, à exciter au mariage celui qui semble apte à procréer, à condamner au célibat tel autre, à surveiller l'installation de votre maison, à contrôler vos aliments, à diriger l'éducation de vos enfants et leur carrière. Alors, son action deviendrait tracassière et même perturbatrice des tendances morales de la société, au lieu de les favoriser, comme le veut M. C. Vogel, auteur d'une *Science de la police médicale*, basée sur le principe de la morale (*Sittlichkeitsprincip*).

Le législateur n'a été, nulle part, jusqu'à ces conséquences, logiques peut-être, mais extrêmes. Partout il s'est maintenu sur le terrain de l'assistance donnée au citoyen dans ses efforts de se défendre contre les influences nuisibles à sa santé. Prévoyance, protection et, pour beaucoup de cas où la liberté individuelle peut et doit rester entière, enseignement : tel est aujourd'hui le triple rôle des gouvernements en fait de police sanitaire.

Notre cadre ne nous permet pas d'exposer dans tous leurs détails les institutions d'hygiène établies dans les divers États et de faire ressortir leurs avantages respectifs. Nous nous bornerons à en grouper les données, de façon à ce que le lecteur puisse les embrasser d'un coup d'œil et y discerner les traits saillants.

L'organisation administrative du régime sanitaire en Europe peut se résumer en trois systèmes bien distincts. Ce sont le *système fran-*

çais, le *système anglais* et le *système allemand*. Les autres États se rangent autour de l'un ou de l'autre de ces centres.

I. Le *système français* est caractérisé par l'institution d'autorités collectives, sous le nom de conseils d'hygiène publique, et par les attributions purement consultatives, dont elles sont investies. Le droit d'exécution appartient au préfet, qui est président-né de ces conseils.

Dès l'organisation nouvelle de la police dans la ville de Paris, en 1667, le premier magistrat préposé à cette administration, De La Reynie, forma une commission de médecins, pour la consulter sur une question relative à la confection du pain. Les opinions s'y trouvant être divergentes, il en appela à la Faculté de médecine, qui, à cette époque, comprenait le corps médical tout entier. Au sein de cette assemblée le désaccord ne fut pas moindre, et une commission composée, cette fois, de six médecins et six habitants « notables et experts », dut trancher le litige. Par la suite, on eut encore, plus d'une fois, recours aux avis de cette commission, et, vers la fin du siècle dernier, l'état de la police sanitaire dans la capitale de la France avait une supériorité relative, qui remplit presque d'enthousiasme J. P. Frank. « J'ai trouvé là, s'écrie-t-il, un modèle de ces applications courageuses de remèdes *héroïques*, qui n'échapperont jamais à la critique dans certaines provinces allemandes. Depuis plusieurs siècles, la vigilance éclairée des magistrats de cette ville immense descend jusqu'aux moindres choses, et un ordre éminemment salutaire (*segensvoll*) confirme la valeur de la plupart des prescriptions qui proviennent de cette origine.[1] »

De son côté, la Société royale de médecine fut religieusement fidèle à cette partie de ses attributions; l'utilité de ses travaux, dans le domaine de la salubrité publique, s'étendait bien au delà de l'enceinte de Paris et a survécu à l'existence même de l'illustre compagnie. Quiconque a eu à traiter quelque sujet d'hygiène, notamment d'endémies ou d'épidémiologie, apprécie avec une véritable gratitude, dans les Mémoires de la Société, publiés de 1779 à 1790, et les instructifs développements de ses programmes et la richesse des matériaux qu'elle a légués aux travailleurs.

Ces excellentes traditions, M. Dubois, préfet de police, les renoua, lorsque, par un arrêté en date du 18 messidor an VIII (6 juillet 1802), il créa un conseil de salubrité, composé de quatre membres rémunérés. Depuis lors, consulté sur toutes les questions ressortissant à la santé publique, ce conseil dut voir le nombre et l'importance des affaires soumises à ses délibérations s'accroître, à mesure que Paris s'agrandissait. Actuellement, en vertu d'un décret à la date du 15 décembre 1851, il est composé de quinze membres titulaires, six membres adjoints et un nombre indéterminé de membres honoraires. Quelques administrateurs siégent en outre dans le conseil en vertu de leurs fonctions.

Il existe, enfin, dans chacun des arrondissements de la ville de Paris et dans ceux de Sceaux et de Saint-Denis des commissions

---

1. Jean-Pierre Frank, *System einer vollständigen medizinischen Polizei*; 2ᵉ édit. Mannheim, 1784; in-8°. T. I. Préface; p. XIII.

d'hygiène, avec des attributions moins étendues.

L'exemple donné par la capitale fut partiellement et lentement suivi par quelques-unes des principales villes de France. De 1822 à 1832, Lyon, Marseille, Lille, Nantes, Troyes Rouen, Bordeaux, Toulouse et Versailles, furent dotées de conseils de salubrité. En 1836, le gouvernement songea à une organisation générale et définitive du régime sanitaire en France. L'Académie de médecine s'associa avec empressement à cet effort par un long et remarquable Rapport du docteur Marc ; mais ces projets ne se réalisèrent pas.

Ils furent repris par la révolution de Février. Au milieu des véhémentes aspirations vers le bien-être des masses, qui agitaient cette époque, l'hygiène publique, qui y touche par tant de côtés, ne pouvait être oubliée.

Un plan fut élaboré par M. Tourret, alors ministre de l'agriculture et du commerce. Conçu dans un esprit libéral et avec une rigoureuse logique, représentant un tout très-complet et symétrique, le nouvel édifice reflétait parfaitement les doctrines radicales du régime révolutionnaire, ainsi que ses tendances vers l'idéal.

Chaque *département*, chaque *arrondissement*, chaque *canton* devait avoir un *conseil d'hygiène publique*, élu par les médecins, pharmaciens et vétérinaires. Les conseils d'arrondissement et de canton devaient adresser leurs rapports au conseil départemental, celui-ci les résumer et les transmettre avec les siens propres et ses propositions au *Comité consultatif d'hygiène publique de France*, placé auprès du ministre de l'agriculture et du commerce.

A ce personnel imposant répondait l'ampleur des attributions qui lui étaient confiées. Elles embrassaient, sans nulle exception, tous les objets qui peuvent être rattachés au régime sanitaire. Afin d'éviter des répétitions, nous ne les énumérerons pas ici, puisque nous aurons à y revenir plus loin.

On ne saurait nier que le pays, couvert d'un tel réseau d'administrations éclairées et zélées et surveillé par elles dans toutes les directions, se transformerait bientôt, quand même sur les 2,846 (actuellement 2,938) cantons la plupart ne posséderaient qu'un correspondant actif, au lieu d'une commission, ainsi que le projet lui-même l'avait admis.

Mais il rencontra beaucoup d'opposition. Le conseil d'État commença par lui enlever l'élément électif, le droit de se réunir spontanément et celui de prendre l'initiative des propositions. Ensuite les critiques et les résistances furent vives de la part de bon nombre d'institutions, qui, s'occupant depuis longtemps de la gestion des hôpitaux, de la propagation de la vaccine, de l'étude des épidémies, etc., etc., ne voulaient pas être dépossédées. Le fait est que le fardeau imposé aux nouveaux conseils d'hygiène était énorme, et avec cela aucune indemnité fixe ne leur était allouée. Le soin de pourvoir aux frais les plus indispensables pour voyages, impressions, etc., était abandonné à chaque conseil général. Jusqu'à présent, l'expérience n'a pas été très-favorable à cette sorte de décentralisation. Il résulte d'une circulaire ministérielle du 26 avril 1858, que six conseils généraux seulement avaient inscrit au budget de cette même année une somme suffisante pour ce service ; elle a varié de 3,500 à 1,200 fr. Dans d'autres départements l'allocation était de 500 à 20 fr. Trente-trois départements s'étaient entièrement abstenus.

Quoi qu'il en soit, l'hygiène publique est aujourd'hui régie en France par un décret du 18 décembre 1848, qui a été développé par plusieurs circulaires ministérielles. Il embrasse la salubrité des voies publiques, des habitations, des ateliers, écoles, etc.; les abattoirs, fabriques et autres établissements industriels, les dépôts d'immondices, les animaux dangereux, les cimetières, les maladies épidémiques et endémiques, ainsi que les épizooties; la surveillance des qualités des aliments, boissons, condiments et médicaments tirés du commerce. Le décret contient encore bien d'autres points. Mais ceux-ci, étant, en réalité, entre les mains d'administrations diverses ou se trouvant même tout à fait négligés, nous nous serions reproché d'accréditer davantage des erreurs, en faisant figurer ici ces questions. La plus commune occupation des conseils d'hygiène, ainsi que le reconnaît M. Tardieu, consiste à examiner les demandes en autorisation, translation ou révocation des établissements dangereux, insalubres ou incommodes, régis par le décret du 15 octobre 1810 et l'ordonnance réglementaire du 14 janvier 1815. Quelques recueils de ces rapports, publiés aux frais des conseils généraux, aident à l'avancement de la science.

D'autres branches importantes de l'hygiène publique sont, à Paris, dans les attributions du préfet de la Seine; dans les départements, dans celles des maires. Ce sont : l'assistance publique, les hôpitaux, hospices, etc.; la vérification des décès, l'assainissement et la transformation des logements insalubres; la création et l'élargissement des voies publiques; les eaux, aqueducs, égouts; les promenades et plantations. L'inspection du travail des enfants dans les manufactures et ateliers (loi du 22 mars 1841) et les dépôts des secours aux noyés, asphyxiés ou blessés, sont du ressort du préfet de police.

Les conseils d'hygiène trouvent parfois d'utiles auxiliaires dans les *médecins des épidémies* et les *médecins cantonaux*.

Les premiers, institués, depuis le 2 mai 1805, dans chaque arrondissement, doivent, à la première invitation qu'ils en reçoivent du sous-préfet, se transporter dans les localités où une épidémie a éclaté, rechercher les circonstances de situation, d'habitudes populaires, etc., qui auraient pu la faire naître ou la favorisent, prescrire les mesures propres à en arrêter les progrès, ainsi que le mode de traitement.

Les médecins cantonaux sont une création récente (du 13 avril 1835), et il n'y en a encore, à l'heure qu'il est, que dans un petit nombre de départements. L'Alsace fait exception. Après les avoir probablement empruntés à l'Allemagne dès 1810, elle a, sur le même modèle, étendu et rehaussé leurs fonctions : ils cultivent avec avantage pour les progrès de l'art, la topographie médicale et l'épidémiologie. Partout ailleurs ils se renferment dans l'exercice laborieux de la médecine rurale en faveur des indigents.

L'organisation du *Comité consultatif d'hygiène publique de France* a été réglée par des décrets en date du 10 août 1848, du 1er février 1851 et du 23 octobre 1856. Il est composé de dix membres, dont quatre docteurs en médecine, un chimiste, un ingénieur des ponts et chaussées ou des mines et un architecte. Peuvent assister aux séances avec voix délibérative : le chef de la direction commerciale au département des affaires étrangères ; le directeur général des douanes ; un des membres du conseil de santé des armées ; l'inspecteur général du service de santé de la marine ; le directeur général de l'assistance publique ; le secrétaire perpétuel de l'Académie impériale de médecine et divers chefs de service.

La compétence du comité s'étend aux quarantaines et au service des médecins sanitaires établis en Orient ; aux mesures à prendre, pour prévenir et combattre les épidémies ; à l'amélioration des établissements thermaux et aux moyens d'en rendre l'usage de plus en plus accessible aux malades pauvres ou peu aisés.

L'Académie impériale de médecine, enfin, complète l'ensemble des institutions qui doivent nous occuper ici. Elle encourage par des récompenses honorifiques l'étude des épidémies, centralise les travaux auxquels celle-ci donne lieu et présente annuellement, dans ses savants Mémoires, le tableau coordonné et raisonné des maladies qui ont régné dans les différentes régions de la France. Le soin important de propager la vaccine lui est également confié.

L'*Italie*, la *Belgique* et l'*Espagne* suivent, pour leur régime sanitaire, les errements français. Mais ce serait s'écarter de la vérité que de placer ces divers États sur la même ligne.

Déjà au moyen âge, l'Italie avait précédé, dans cette voie, les autres pays. Aujourd'hui encore, grâce à leur intelligente fidélité aux créations bienfaisantes de l'empereur Joseph II, la Vénétie et la Dalmatie possèdent seules, entre toutes les provinces de l'Autriche, une bonne organisation médicale.

II. *Système anglais.* — Depuis longtemps étaient tombés en désuétude quelques bons décrets relatifs à la construction et à l'entretien des voies publiques, des digues, des égouts, etc.; quelques règlements concernant des professions insalubres et l'encombrement des maisons. Ils dataient du règne de Henri VIII et de celui de la reine Élisabeth. Encore de notre temps, sous George IV, une loi déclarait sans ambages que chacun avait le droit d'abattre les objets qui lui étaient nuisibles « *to the annoyance of all the King's subjects* », et de se faire justice, « *of doing one's self justice.* Ou bien il fallait intenter des procès longs, dispendieux, très-mal vus de tout le monde. Au milieu de cette anarchie subsistait un simulacre de police sanitaire. Elle était confiée à des jurys locaux; leur formation et les services qu'on en pouvait attendre, ressortiront de cet exemple que nous allons citer. Dans un district souvent ravagé par des fièvres contagieuses « des formes les plus graves », le jury était composé de douze membres, dont six péagers, un ou deux marchands de fromages, trois ou quatre tailleurs ou drapiers, un maçon, un entrepreneur de bâtiments, aucun médecin. Personne, ont-ils avoué eux-mêmes, ne savait ce dont ils avaient à s'occuper, si ce n'est d'examiner les poids et mesures, et sans la présence fortuite de l'entrepreneur ils n'auraient absolument rien su et pu faire de ce qui leur incombait.[1]

Telle était la situation, lorsque l'invasion du choléra vint faire cesser cette trop longue sécurité. Le tribut payé par l'Angleterre au fléau fut considérable. En une seule année elle perdit 70,000 individus dont 30,000 adultes ! C'étaient 10,000 hommes de plus que ce que lui avaient coûté les guerres de 1800 à 1815. Ce ne fut pas tout. En présence de ces hécatombes, on se rappela que d'autres maladies épidémiques, à peu près inconnues ailleurs, mettaient, dans tous les temps, les populations anglaises en coupe réglée, et l'on dut s'avouer que ces riches cités, ces riantes campagnes, étaient comme empoisonnées par des miasmes meurtriers, que ces fleuves majestueux, l'orgueil de la patrie, charriaient la mort dans leurs flots corrompus, que les résidences royales et jusqu'à l'intérieur des palais étaient remplis de dangers.

Aussitôt que ces cris d'alarmes eurent retenti, l'Angleterre regarda l'ennemi en face et comprit que, pour le vaincre, il fallait des mesures radicales.

Dès 1848, des lois nouvelles préparèrent un assainissement général au moyen du dessèchement des marais, du drainage des rues, des maisons, ainsi que de l'établissement d'aqueducs et d'égouts. Ce vaste ensemble de travaux fut confié à un *Conseil supérieur de santé* (*General Board of Health*), muni d'une grande autorité exécutive et de pouvoirs proportionnés

---

1. *Report to Her Majesty's principal secretary of state for the home department, from the Poor Law Commissionners, on an inquiry into the sanitary condition of the labouring population,* etc. London, 1842; in-8°, p. 300.

aux difficultés de l'entreprise. Dans l'intérêt spécial de la nouvelle police sanitaire le pays entier fut divisé, par bassins géologiques, en districts tout à fait indépendants des arrangements administratifs, des paroisses, etc.; et 3,000 médecins donnent des soins médicaux aux pauvres qui sont, en outre, visités et secourus par un plus grand nombre de *fonctionnaires de l'assistance (relief officers)*.

Avec cette organisation, marchent de front des enquêtes permanentes sur les maladies qui règnent, sur les causes de la mortalité, étayées de ces mille renseignements relatifs aux localités, aux demeures, à l'âge, à la profession, etc., etc., en un mot, sur tout ce qui constitue une bonne statistique médicale. Le nombre des personnes chargées de recueillir ces informations est de 2,193, placées sous le contrôle de 600 inspecteurs et de 4 inspecteurs supérieurs. On dépose devant eux sous la foi du serment comme devant les tribunaux. Les comptes rendus de ces enquêtes, libéralement publiés, sont des mines précieuses pour la solution de plus d'un problème d'hygiène et d'économie politique.

Toutes les branches de cette administration multiple relèvent d'une autorité centrale, formée de quatre membres du conseil des ministres, et connue sous le nom du *Conseil de la loi des pauvres*.

C'est à l'aide de ce mécanisme puissant, auquel de nombreuses associations prêtent un concours actif et dévoué, que l'Angleterre travaille au grand œuvre de régénérer ses villes et ses villages, de prolonger la durée de la vie de ses enfants et de les garantir de plus en plus de la misère et de la démoralisation qu'elle entraîne avec elle.

III. *Système allemand.* — Né du développement lent, mais continu, d'institutions déjà anciennes, ce système est revêtu de cette légitimité du droit historique, qui semble, au delà du Rhin, une garantie de la valeur des choses. A aucune époque, des travaux notables n'ont cessé de le féconder, et, à ce double point de vue, M. de Mohl l'a pu revendiquer comme une sorte de patrimoine, laborieusement amassé, de son pays.

Aussi a-t-il jeté des racines si fortes dans ce sol que pas un seul État allemand, grand ou petit, catholique ou protestant, progressif ou stationnaire, ne l'a jamais répudié.

Le principe qui le domine est, pour ainsi dire, tout paternel. Grâce à lui, pas un seul hameau, quelque reculé qu'il soit, n'est privé d'un praticien instruit, qui est aussi le gardien officiel de la santé publique et le médecin-expert près les tribunaux. Une hiérarchie, parallèle à celle des administrations, le relie à un collège médical, faisant partie de l'autorité provinciale. Au sommet de la pyramide, enfin, se trouve un comité supérieur. C'est là une organisation simple, s'adaptant à la constitution générale de chaque pays et offrant des garanties de contrôle et d'appel, sans jamais blesser par une prépondérance excessive, accordée à ces corps, la phalange modeste et vaillante, d'où est sorti plus d'un homme et plus d'une œuvre remarquables.

La *Hollande*, la *Russie*, la *Suède* et le *Danemark* ont modelé leurs institutions sanitaires sur celles de l'Allemagne.

II. ENDÉMIES ET ÉPIDÉMIES. — MALADIES CONTAGIEUSES. — QUARANTAINES.

Le chapitre des quarantaines occupe une grande place parmi les règlements administratifs d'un certain nombre d'États, notamment des États maritimes. En France, il figure seul sous le titre de *régime sanitaire*. Cette appellation, bonne et rationnelle, si elle embrasse l'ensemble des mesures relatives à la santé publique, devient impropre, lorsqu'on veut l'appliquer à une faible partie d'entre elles. Et il ne s'agit pas ici d'une simple affaire de purisme dans le langage ; une pareille substitution de mots entraîne avec elle l'inconvénient très-réel d'induire en erreur sur l'importance relative des choses. Car la jurisprudence sur les quarantaines n'a usurpé un titre qui ne lui est point dû qu'après avoir usurpé la prééminence sur d'autres questions; celles-ci se sont ainsi trouvées reléguées sur l'arrière-plan, au grand détriment des intérêts les plus graves. C'est pour cela que nous avons restitué son vrai sens à un terme générique, dont les quarantaines ne doivent former qu'une subdivision.

Les maladies qui ont droit à l'attention du législateur et de l'administration forment *trois* classes. Ce sont : les maladies endémiques, les maladies épidémiques et les maladies contagieuses.

Les maladies *endémiques* naissent des conditions de configuration d'une contrée, de sa météorologie, de la structure géologique de son sol, de la distribution de ses eaux et de leurs qualités, de sa végétation et de tous ses produits, de l'alimentation de ses habitants, de leur genre de vie, de leur aisance ou de leur pauvreté. Le nombre des affections de cet ordre est grand, si on les étudie sous toutes les zones du globe. Ici il suffit de citer les exemples qui sont les plus saillants dans nos climats : le crétinisme avec le goître endémique, les fièvres intermittentes, la pellagre, etc.

Si l'on songe que le goître et le crétinisme constituent une véritable dégénérescence physique et morale de l'homme, qu'elle se propage fatalement par voie d'hérédité, que sur le territoire[1] de la France seule vivent dans cet état plus de cent mille infortunés, et que le nombre en est encore bien plus considérable en Suisse, en Piémont, en Autriche, etc., etc.; que les fièvres intermittentes endémiques, dans leurs formes pernicieuses, entraînent très-souvent la mort et, même lorsqu'elles revêtent des degrés moins intenses, maintiennent des populations entières dans un état habituel de débilité, d'incapacité au travail et, partant, de profonde misère, on admettra que les ravages produits par cette catégorie de maux l'emportent de beaucoup sur tout danger qui peut menacer temporairement la santé publique.

Heureusement que l'État peut faire beaucoup à cet égard. Les desséchements et la mise en culture des marais, parfois leur colmatage, le reboisement des montagnes, les plantations des dunes, les canaux d'irrigation, le drainage

---

1. Il y a tel département où, de l'année 1837 à l'année 1849, sur 100,000 jeunes gens 2,653 ont dû être exemptés du service militaire comme goîtreux ! Et les crétins ne sont indiqués ni sur les *Tableaux du recrutement*, ni dans la *Statistique générale de la France*. Ils sont partout confondus avec les idiots, et c'est à tort, car tout idiot n'est pas un crétin.

pratiqué sur une échelle suffisante, sont des moyens d'assainissement sûrs. Un gouvernement ne doit même pas reculer devant le déplacement d'une population peu nombreuse, lorsqu'il est absolument impossible de modifier la topographie des localités qu'elle habite, ainsi que cela peut arriver pour certains vallons étroits, pour des gorges de montagnes, siéges du crétinisme.

Ces grands travaux publics nécessitent, il est vrai, des dépenses très-considérables. Mais, au lieu d'être onéreuses à l'État, elles sont, en dernière analyse, productives, et l'intérêt public, largement compris, les conseille autant que l'humanité les commande.

On appelle *épidémie* une maladie quelconque, qui frappe dans un lieu simultanément un nombre d'individus plus ou moins considérable. A la rigueur, nous n'aurions pas à citer ici d'exemples; car il nous faudrait passer en revue presque tout l'immense répertoire de la médecine pratique. On voit jusqu'à des érysipèles, des fluxions de poitrine, des fièvres cérébrales épidémiques; comme, d'autre part, on observe des cas isolés des affections qu'on est le plus habitué à regarder comme revêtant ce dernier caractère, telles que la petite vérole, le choléra, etc.

Dans les épidémies aussi la société retrouve la compensation des sacrifices qu'elle s'est imposés dans le but d'augmenter le bien-être et la force de ses membres jusque dans leurs derniers rangs. Le mal est toujours d'autant plus redoutable, il s'alimente et s'étend d'autant plus qu'il rencontre devant lui une résistance moindre; et où celle-ci se trouverait-elle, si ce n'est dans l'énergie vitale de ceux qui se trouvent exposés à ses atteintes? En outre, les mesures hygiéniques, de salubrité, etc., improvisées à la hâte, lorsqu'une épidémie est imminente ou a déjà éclaté, présentent le double inconvénient d'être particulièrement dispendieuses et d'une efficacité bien restreinte.

Une maladie *contagieuse* est celle qui peut se transmettre, par le contact d'un individu qui en est déjà affecté, à un ou plusieurs autres individus prédisposés à la recevoir. Cette définition diffère, on le voit, essentiellement de celle que nous avons donnée dans le paragraphe qui précède; elle établit une ligne de démarcation tranchée entre les deux classes de maladies. Il en existe d'indubitablement contagieuses, qui ne sont jamais épidémiques, de même qu'il y a des épidémies importantes, auxquelles l'élément de la contagion reste constamment étranger; pour celles-là il ne saurait être question d'isolement, de séquestration, de quarantaine.

Quarantaines. — L'antiquité, qui connaissait pourtant des épidémies très-meurtrières, ne leur opposa qu'un courage stoïque et quelques mesures d'hygiène générale. Au moyen âge seulement, en même temps que la fréquence et la violence des « pestes » prennent un développement effrayant, commencent les efforts de se défendre directement contre elles. La terreur qu'elles inspiraient était extrême, les armes avec lesquelles on les combattait, souvent barbares. La société se voyait impuissante à attaquer le mal dans sa source, en transformant l'état physique de l'Europe et en améliorant l'existence matérielle et morale des peuples. Elle imagina de fermer l'accès de ses villes à l'ennemi et de le cerner, comme un incendie, lorsqu'il y avait pénétré. Le mal réputé contagieux par excellence, la lèpre, avait ses quarantaines permanentes. Véritables centres de population encombrés et immondes, les léproseries deviennent bientôt elles-mêmes, par la propagation héréditaire plus sûrement que par la contagion, des foyers d'infection immenses, auxquels cette époque sans entrailles finit par ne savoir plus opposer que le bûcher, son dernier argument en hygiène, comme il le fut en politique et en théologie.

Les républiques italiennes cherchèrent, dès la seconde moitié du quatorzième siècle, dans les quarantaines un moyen de protection contre l'invasion des maladies pestilentielles, quoique la plupart d'entre elles, loin d'être la vraie peste d'Orient, ne fussent pas même contagieuses. Milan possédait un lazaret avec près de cinq cents chambres. Ayant alors le monopole du commerce avec le Levant, Venise créa en 1403 la première quarantaine maritime ; Gênes suivit cet exemple en 1467.

Les règlements destinés à ces institutions étaient conçus avec une sévérité draconienne, et les traces s'en sont effacées bien lentement. Il y a à peine un siècle, on repoussa des côtes de Hollande à coups de canon des naufragés qu'on supposait venir d'un port où régnait une épidémie, et de nos jours nous avons vu les instructions impitoyables, données aux troupes qui, sur les frontières de la Pologne et de la Russie, formaient le cordon sanitaire contre le choléra.

Pas plus que cette dernière maladie ne le fut alors, la peste elle-même n'avait été écartée des pays occidentaux de l'Europe. Malgré un cordon sanitaire permanent, maintenu, dès

1728, par l'Autriche sur toute sa frontière orientale, ses provinces furent ravagées par la peste en 1738 et de 1755 à 1757.

En France il n'existait jusqu'à l'année 1822 aucune loi sanitaire, quoique Marseille, obéissant aux besoins que lui créaient ses relations avec l'Orient, eût depuis longtemps développé les institutions léguées par les siècles antérieurs et fait de ses antiques *capitaines de la santé* la magistrature de l'*intendance sanitaire*, non moins indépendante qu'eux. L'invasion de la fièvre jaune en Catalogne amena bientôt la promulgation d'une loi, à la date du 3 mars 1822, suivie d'une ordonnance royale du 7 août de la même année.

La précision avec laquelle on crut, en 1830, pouvoir suivre la marche du choléra depuis le delta du Gange jusqu'au centre de l'Europe, ranima avec une force nouvelle l'espérance de pouvoir arrêter les progrès des maladies qui passent pour communicables. L'épreuve ne fut pas heureuse pour les doctrines contagionistes, déjà ébranlées antérieurement par rapport à la fièvre jaune et à la peste. La législation dut subir des modifications qui furent formulées par l'ordonnance royale du 17 août 1847, un décret du 10 août 1849 et un décret du 24 décembre 1850.

Alors la France prit une initiative, que les étrangers eux-mêmes qualifient de *glorieuse* (*ruhmreich*)[1]. Elle provoqua une *conférence sanitaire internationale*, formée par les diverses puissances qui ont des intérêts solidaires dans la Méditerranée. En 1851 se réunirent à Paris les délégués de la France, de

1. L. Pappenheim, *Handbuch der Sanitätspolizei.* Berlin, 1858; in-8°. T. II, p. 292.

l'Autriche, des Deux-Siciles, de l'Espagne, des États romains, de la Grèce, du Portugal, de la Russie, de la Sardaigne, de la Toscane et de la Turquie, et arrêtèrent, après des discussions approfondies, un projet de convention et de règlement sanitaire international. L'Angleterre s'était également fait représenter à ce congrès, mais elle n'a pas signé la convention qui en fut le résultat. Adoptant l'avis de son conseil supérieur de santé, elle renonça à toute organisation permanente de quarantaines sur ses côtes. Ni en France, ni ailleurs, on n'osa rompre d'une manière aussi radicale avec les idées et les appréhensions depuis longtemps enracinées. Mais le code nouveau a affranchi le commerce d'une grande partie des entraves et des dommages qui devenaient plus onéreux, à mesure que le cercle des communications entre les nations allait en s'élargissant.

Le décret impérial portant promulgation de cette convention conclue avec la Sardaigne, porte la date du 27 mai 1853, le décret relatif à sa mise à exécution est du 4 juin de la même année et a été suivi d'instructions détaillées. Après avoir déclaré que cet acte s'applique surtout à la peste, à la fièvre jaune et au choléra, la convention pose en principe qu'en outre tout port sain a le droit de se prémunir contre un bâtiment ayant à bord une maladie réputée importable, telle que le typhus et la petite vérole maligne. Il maintient la patente brute et la patente nette : la première, pour la présence constatée de la maladie dans le pays d'où l'on arrive ; la seconde, pour l'absence attestée de toute maladie contagieuse. Tout bâtiment arrivant en patente brute sera déclaré en quarantaine. Celle-ci se divise en quarantaine d'observation et quarantaine de rigueur. En ce qui concerne la peste, le minimum de la quarantaine est fixé à dix jours pleins, et le maximum à quinze. Pour la fièvre jaune, le minimum est de cinq jours, le maximum de sept ; pour le choléra, la quarantaine d'observation est de cinq jours pleins, y compris le temps de la traversée.

Pour les marchandises on a établi trois catégories et elles doivent être traitées selon la classe à laquelle elles appartiennent. L'exécution de ces prescriptions est confiée à des autorités sanitaires, lesquelles sont partout organisées sur des bases uniformes. Le *directeur de la santé*, autant que possible pris dans le corps médical, est le chef du service actif. Un conseil, composé d'éléments locaux et scientifiques, veille sur les intérêts de la santé publique, exerce une surveillance générale sur le service sanitaire, donne ses avis sur les mesures à prendre en cas d'invasion, contrôle leur exécution.

Outre les dispositions communes et applicables à tous les pays signataires de la conférence, la Turquie d'Europe et la Turquie d'Asie, ainsi que l'Égypte, sont l'objet de dispositions particulières, destinées à prévenir le développement de la peste, à arrêter cette maladie quand elle existe, à la signaler et à s'opposer à son introduction dans les autres pays. Dans ce but ont été institués à Constantinople un conseil supérieur de santé et à Alexandrie une intendance sanitaire ; des délégués étrangers, qui doivent autant que possible être des hommes spéciaux, en font partie.

Cette organisation est complétée par la création des médecins sanitaires, qui se divisent en deux classes: les médecins centraux et les médecins ordinaires. Nommés par les puissances contractantes, ils conservent toute leur indépendance vis-à-vis des autorités locales et ne relèvent que des gouvernements qui les ont institués. Leurs fonctions consistent à étudier, sous le rapport de la santé publique, le pays où ils se trouvent, son climat, ses maladies et toutes les conditions qui s'y rattachent, ainsi que les mesures prises pour combattre ces maladies; à informer de tout ce qui a trait à la santé générale, le médecin central de l'arrondissement (un médecin central réside à Constantinople, Smyrne, Beyrouth et Alexandrie), le corps consulaire et les autorités locales.

Enfin, des médecins, commissionnés par le ministre de l'agriculture et du commerce, sont embarqués sur les bâtiments à vapeur, qui sont les intermédiaires les plus actifs entre la France et le Levant. Ces hommes de l'art sont là, comme à autant de postes d'observation, d'où ils doivent signaler la moindre maladie suspecte, qui surgirait pendant la traversée.

Un résultat différent est sorti des conférences qui eurent lieu, en 1857, entre les États riverains du Danube. Ils ont renoncé à toute mesure sanitaire habituelle. Cependant les colonies militaires, que l'Autriche entretient sur sa frontière orientale, continuent de figurer dans son système de police sanitaire.

Imprimerie de Vve Berger-Levrault à Strasbourg.

www.ingramcontent.com/pod-product-compliance
Lightning Source LLC
Chambersburg PA
CBHW070454080426

42451CB00025B/2726